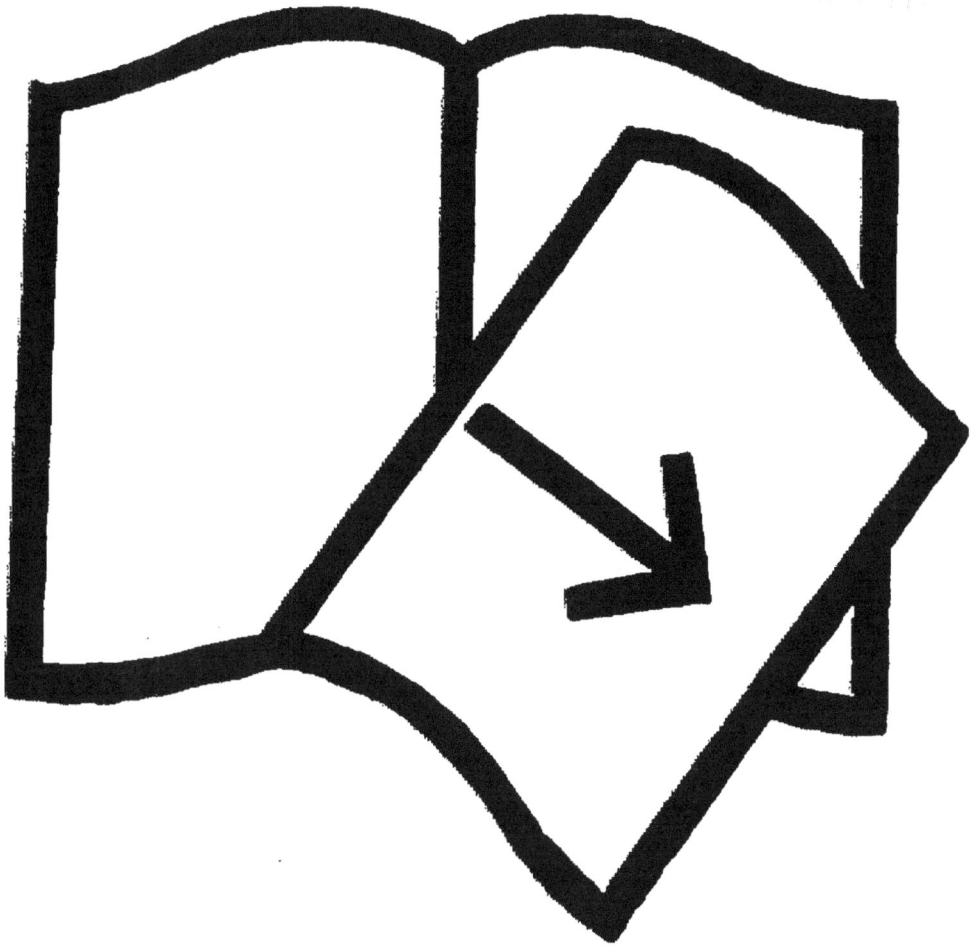

Couvertures supérieure et inférieure
manquantes

LA BIBLIOTHÈQUE DE GRENOBLE

ET SES

PREMIERS BIBLIOTHÉCAIRES

Edmond MAIGNIEN

CONSERVATEUR DE LA BIBLIOTHÈQUE DE GRENOBLE

Bibliothèque Historique du Dauphiné

LA
BIBLIOTHÈQUE DE GRENOBLE

ET SES

Premiers Bibliothécaires

ÉTIENNE DAVAU

ÉTIENNE DUCROS

GRENOBLE
Xavier DREVET, éditeur
LIBRAIRE DE L'ACADÉMIE
14, rue Lafayette, 14
Succursale à Uriage-les-Bains

Publié par le Journal LE DAUPHINÉ

Grenoble. — Imprimerie V* Rigaudier.

LA BIBLIOTHÈQUE DE GRENOBLE

ET SES

PREMIERS BIBLIOTHÉCAIRES

I.

Achat de la bibliothèque de Jean de Caulet. — Fondation de la bibliothèque publique et du cabinet d'histoire naturelle.

Jean de Caulet, évêque de Grenoble, mort le 27 septembre 1771, était parvenu, pendant un épiscopat de plus de quarante ans, à former avec discernement la plus belle collection de livres qu'un particulier pût avoir. Sa bibliothèque, composée de plus de 45,000 volumes, eût été une perte à jamais irréparable si quelques habitants de notre ville ne se fussent réunis pour chercher à l'acquérir, et on ne trouva pas de moyen plus sûr que d'ouvrir une souscription publique. Une lettre-circulaire, rédigée par l'imprimeur André Faure, avocat au Parlement, distribuée à un grand nombre d'exemplaires, invitait à concourir à cette acquisition. On eut bientôt la satisfaction de voir que les souscriptions produiraient à peu près la somme nécessaire tant pour acquérir que pour placer convenablement cette incomparable collection.

La bibliothèque de M. de Caulet était trop connue dans le monde littéraire pour que d'autres ne désirassent pas se la procurer. Catherine II, impératrice de Russie, la fit demander par son ambassadeur à Paris, un prince de Milan la fit examiner par un homme de lettres, trois libraires étrangers vinrent successivement pour l'acheter, mais M. le major de Grammont, ancien exempt des gardes du corps, neveu et héritier du prélat, eut la générosité de ne vouloir accepter aucune proposition dès qu'il sut que les citoyens de Grenoble désiraient l'acquérir pour en faire une bibliothèque publique, et céda les livres à un prix bien inférieur à leur valeur; le marché fut conclu pour une somme de 45,000 livres. En même temps, l'Ordre des Avocats délibéra de réunir sa bibliothèque particulière à l'établissement public; elle se composait d'environ 6,000 volumes, et indépendamment de cette donation, il fit une souscription considérable.

Dès le 11 juillet 1772, les souscripteurs s'assemblèrent dans la salle des exercices publics du collège et résolurent de nommer douze des leurs en les priant de vouloir bien se charger des soins qu'exigeait la perfection de l'établissement qu'on s'était proposé de former. Les directeurs choisis furent : MM. Louis de Sausin, conseiller au Parlement ; Claude-Arthus d'Yse de Rosans, conseiller au Parlement ; Marc-Octavien Doudard de Lagrée, procureur général en la Chambre des comptes; Hippolyte Simonnard, chanoine de Saint-Antoine ; l'abbé Barthélemy, chanoine de Notre-Dame ; Michon, chanoine de Saint-André ; Joseph-Antoine Le Maître, avocat; le docteur Henri Gagnon ; J.-P. Cormon de Villemer, directeur du vingtième en Dauphiné ; André Faure de Beauregard, avocat et imprimeur ; Bovier, négociant, et Raby, dit l'Américain.

Dans la deuxième réunion tenue le lendemain chez M. de Sausin, les douze membres nommés choisirent pour président M. de Sausin (1), pour secrétaire perpétuel M. Raby, et nomma trésorier M. Antoine Prié, notaire. Ils délibérèrent ensuite qu'on écrirait à M. le duc d'Orléans, gouverneur de la province, pour le supplier « de prendre sous sa protection spéciale un établissement si nécessaire pour faire fleurir les sciences et les lettres dans la ville capitale de son gouvernement, pour le bien et l'avantage d'une province qui a reçu si souvent des marques distinguées de sa protection et de ses bontés. » On convint de faire appel à Mgr le Chancelier, à M. le marquis de Monteynard, au contrôleur général des finances, à l'évêque de Grenoble, enfin au maréchal de Tonnerre ; à la même séance, ils résolurent de demander à MM. les Administrateurs du collège les bâtiments qui avaient été destinés à des congrégations qui n'exis-

----

(1) Louis de Sausin, né à Orange le 13 juin 1719, était fils de Jean de Sausin, brigadier des armées du roi de la Grande-Bretagne; il mourut à Grenoble le 9 septembre 1786.

taient plus, tant pour le logement des livres de la bibliothèque que pour celui d'un bibliothécaire ; ils se rendirent même au collège et prièrent les directeurs de vouloir bien leur céder : 1° la salle dite *Congrégation des artisans* (1) ; 2° celle attenante au pensionnat, toutes deux vacantes et inutiles ; 3° la salle à l'est, joignant l'église, dite *Congrégation de messieurs* ; 4° enfin la bibliothèque au-dessus des ci-devant jésuites.

Trois de ces salles, moins celle de la *Congrégation de messieurs*, furent gracieusement offertes par MM. Bally et Savoye, directeurs du collège, à la charge, par la direction de la bibliothèque, de l'entretien des toits. M. Gagnon offrit encore au nom de la direction la cession entière et totale de toute la maison joignant celle du collège dite *vieille pension*, pour la démolir et la faire reconstruire, mais comme cette démolition aurait entraîné à de grandes dépenses et qu'on n'avait pas de fonds, on fut forcé de renoncer à cette combinaison. Pendant ce temps, la direction de la bibliothèque présenta à l'intendant de la province plusieurs plans relatifs aux réparations possibles pour réunir les pièces du collège en une vaste salle ; d'un autre côté, le nouvel évêque de Grenoble, Jean de Cairol de Madaillan, avait grand besoin des salles de l'évêché dans lesquelles se trouvait la biblio-

_____

(1) Les jésuites avaient établi dans leur maison trois congrégations dites : *Grande congrégation, Congrégation de messieurs* et *Congrégation des jeunes artisans*; elles furent supprimées avec eux en 1763.

thèque de son prédécesseur et déclara qu'il
désirait au plus tôt l'enlèvement des livres ; en
même temps il écrivait à la direction qu'il
s'engageait à donner dans le courant de l'année la somme de cent louis au profit de la
bibliothèque (11 août 1772). Dès le lendemain,
MM. Gagnon et Bovier commencèrent le
transport des livres dans la salle de la bibliothèque des jésuites (1), les firent ranger par
ordre et prirent soin de la sûreté des ferme-
tures.

Le 24 août 1772, M. de Sausin fit connaître
aux directeurs de la bibliothèque la proposition suivante qu'on venait de lui soumettre
il s'agissait de construire sur les écuries de
l'intendance un vaisseau propre à recevoir
les livres de la future bibliothèque, mais
ce projet n'eut pas de suite. Pendant ce
temps, l'intendant avait eu l'obligeance de
s'entendre avec M. Renauldon, pour dresser
le plan de tout le collège, mais l'obstacle
insurmontable était la délibération *invincible*
de la direction qui voulait absolument garder
la salle de la congrégation de *Messieurs* ; après
quelques pourparlers, les directeurs du collège (février 1773), « animés (2) d'un zèle
« patriotique et portés à contribuer de leur
« mieux à l'avantage et à la décoration de la
« bibliothèque publique, » avaient unanimement délibéré d'échanger les pièces qu'ils

---

(1) Registres des délibérations, du 4 février 1773, f° 28.

(2) Le transport de la bibliothèque de Mgr de Caule t
coûta 78 livres 14 sous.

avaient concédées à la direction de la bibliothèque contre deux salles du premier étage de
la maison du collège en celle du second et du
troisième. Dès lors on travailla avec la plus
grande activité aux réparations de toute
espèce, qui furent poussées avec autant d'activité que d'intelligence.

Dans la séance du 12 juillet 1773, M. le
docteur Henri Gagnon proposa d'adjoindre à
la bibliothèque un cabinet de physique et
d'histoire naturelle. En conséquence, on fit de
nouvelles démarches auprès des administrateurs du collège, qui cédèrent la galerie paral-
lèle à l'église, au second étage. Les travaux
de l'installation furent terminés le 26 juillet
1773. Quelque temps après, le 5 septembre,
tous les souscripteurs furent convoqués à
une assemblée générale qui se tint dans la
salle des exercices du collège; là, M. de
Sausin, président, rendit compte de toutes les
opérations et démarches faites jusqu'à ce jour
pour mener à bien cette utile fondation; il fit
remarquer qu'un des moyens les plus essen-
tiels pour parvenir à l'arrangement des livres
était de nommer un bibliothécaire; on délibéra séance tenante et le choix se porta à
l'unanimité sur M. l'abbé Davau, qui pro-
fessait avec distinction la rhétorique au collège (1). On élut en même temps 13 directeurs
qui, joints aux 12 nommés par la première
délibération, formèrent le nombre de 25 dont
devait être composé la direction. Le choix se

---

(1) Il prononça au collège, quelques jours avant sa nomination, un discours sur l'*utilité des bibliothèques*, qui
fut fort goûté.

porta sur MM. Antoine Prié, notaire ; Jean-
Baptiste Renauldon, ancien ingénieur des
ponts et chaussées ; le commandeur de Seyve ;
Moreau de Vérone ; de Regnaud, conseiller au
Parlement ; Joseph Pourroy de l'Auberivière
de Quinsonnas, ancien président au Parlement ; Barthélemy d'Orbanne, avocat ; Binelly ;
Paul-Joseph Vallet, ancien lieutenant général
de police ; l'abbé Bailly ; l'abbé Gaspard Rey,
chanoine de Saint-André ; de Rouvayre et
l'abbé Davau.

Dès lors la bibliothèque fut installée et
ouverte au public le 6 septembre 1773.

Depuis quelques mois, la riche bibliothèque
des avocats (1) était réunie à celle de la ville.
Après avoir minutieusement examiné les
volumes, M. Davau fit observer qu'un grand
nombre d'ouvrages étaient en double. On
convint d'en faire une vente publique qui fut
fixée au 16 août 1774, elle dura jusqu'au 24 ;
mais le petit nombre d'enchérisseurs la fit
interrompre, et M. André Faure, libraire, fut
chargé de l'estimation des livres qui restaient
pour les vendre simplement à l'amiable.

Au mois d'octobre 1775, l'abbé Davau donna
sa démission ; il était appelé à Paris pour
l'instruction d'un prince. On regretta vive-
ment son départ, car il remplissait ses fonctions avec autant de zèle que de talent. Nous
allons retracer en quelques lignes la vie de
notre premier bibliothécaire.

----

(1) *Les Bibliothèques du Dauphiné anciennes et mo-
dernes*, par Ed. Maignien. (*Bibliothèque du Dauphiné*,
publiée par Xavier Drevet.)

II.

Etienne Davau.

Guillaume Davau, fils de Jean Davau, maire de la Côte-Saint-André, naquit en cette ville, le 1er mars 1740. Son père, chargé de quatorze enfants, lui fit donner une bonne éducation et l'envoya faire ses études au séminaire de Saint-Irénée, à Lyon ; son cours de théologie terminé, on lui confia une chaire dans le collège de Grenoble. Il s'occupait alors de littérature et de bibliographie et fut nommé bibliothécaire de la ville de Grenoble, le 5 septembre 1773. Il se démit de ses fonctions au mois d'octobre 1775.

Des amis l'attirèrent à Paris où il entra dans la maison de Rohan. Peu après, Mme la princesse de Guéméné, gouvernante des enfants de France, le fit nommer instituteur des enfants de France. En cette qualité, l'abbé Davau donna ses soins aux deux Dauphins, fils de Louis XVI, et à *Madame*, plus tard duchesse d'Angoulème. Il fut nommé en 1785, à l'abbaye de Sainte-Croix de Quimperlé. Pendant la Révolution, il se retira dans la terre de Mme de Guéméné, où il se livra à l'étude de la botanique ; quelque temps après, il devint supérieur d'une association du tiers-ordre du Mont-Carmel ; enfin chanoine honoraire de Saint-Denis et vicaire général du diocèse de Soissons, il mourut à Paris, le 10 novembre 1822.

III.

Le P. Ducros, sa nomination de bibliothécaire.
— Don des Antonins. — Ressources de la
bibliothèque. — Legs de M. Raby. — Echanges
de minéraux. — Lettre de Faujas de Saint-
Fond, au sujet de la maladie de Buffon.

Le 28 novembre 1775, la direction se réunit
pour nommer un successeur à l'abbé Davau ;
son choix se porta unanimement sur le Père
Ducros, mineur conventuel du couvent de
Grenoble.

La biographie du deuxième conservateur de
la bibliothèque publique de Grenoble forme
la partie la plus intéressante des souvenirs
historiques de l'établissement. Etienne Ducros
fut non seulement un savant bibliophile et
ornithologiste, mais encore un habile admi-
nistrateur qui consacra toute sa vie à sa chère
bibliothèque.

Etienne Ducros naquit à Grenoble. le 14
janvier 1735, d'Etienne Ducros (1), marchand
bridier, et d'Anne Vincent, fit de bonnes
études, embrassa ensuite l'état ecclésiastique

(1) Il était natif de Clermont en Auvergne, fils de
Sébastien Ducros et de Marie Molla ; il épousa à Grenoble, le 9 mars 1730, Anne Vincent.

et entra dans l'ordre des religieux de Saint-François (1).

Le P. Ducros, connu, disent les *Affiches du Dauphiné* (2), surtout « comme l'un des meilleurs ornithologistes des provinces », s'attacha à former le cabinet d'histoire naturelle fondé la même année.

Les collections considérables de minéraux et de pétrifications, formées par M. Pajot de Marcheval, intendant de la province, et le médailler composé de 1400 médailles, présent de M. le marquis de Belmont, servirent de noyau au cabinet de Grenoble.

Les recherches, les voyages et la correspondance du savant et laborieux bibliothécaire augmentèrent encore ces premières richesses. Il s'était occupé pendant les mois de septembre et d'octobre 1776, à classer ces diverses collections.

Jusqu'à cette époque, les soins qu'exigèrent la construction et l'aménagement de la bibliothèque empêchèrent les directeurs de s'occuper des moyens d'assurer la légalité de cet établissement par l'obtention de lettres patentes. L'utilité, du reste, en était bien prouvée par l'affluence des travailleurs qui le fréquentaient journellement. MM. Raby, Bovier, Barthélemy, Gagnon et le Père Ducros furent chargés de la rédaction de ce projet.

----

(1) Etienne Ducros, en religion Le Père Daniel, prononça ses vœux dans le couvent des Cordeliers de la ville du Puy, le 23 février 1755.

(2) N° du 8 décembre 1775.

Quelque temps après, une heureuse circonstance pour notre bibliothèque devait accroître considérablement nos collections. En effet, MM. Delagrée et Gagnon venaient de recevoir des lettres de Jean-Marie Navarre, abbé de Saint-Antoine, et de M. Simonnard, député de ce ordre, annonçant que le vœu de leur chapitre général était de donner à la ville de Grenoble, avant leur réunion à l'ordre de Malte (1), toutes leurs collections : cabinet d'histoire naturelle, livres, tableaux, médailles (environ 6000) antiques et momies (2). Etienne Ducros, le chanoine Barthélemy et M. Delagrée furent désignés pour reconnaitre et faire transporter cette curieuse réunion d'objets précieux. Dès qu'elle fut installée, on délibéra que, pour témoigner à MM. de Saint-Antoine, la reconnaissance de la direction, il serait placé sur le médailler un écusson aux armes des Antonins, et qu'une lettre de remerciement serait écrite à l'abbé Navarre (3).

L'établissement du cabinet d'histoire naturelle et l'entretien de la bibliothèque publique avaient occasionné des dépenses extraordinaires suivies d'emprunts considérables. M. Gaspard Bovier avait successivement prêté à la direction différentes sommes qui arrivaient

---

(1) L'ordre de Saint-Antoine devait être réuni à celui de Malte le 1er novembre 1777.

(2) Ils avaient déjà contribué à l'acquisition de la bibliothèque par une souscription de 3000 livres.

(3) Cet écusson avait été relégué dans un galetas ; nous l'avons replacé sur le médailler dans la grande salle de la Bibliothèque publique.

au capital de 8200 livres, et dont les intérêts arréragés montaient à 1900 livres ; il fallait de plus rembourser dans le délai de trois mois les intérêts dus. Il fut délibéré que les directeurs seraient invités à prêter à la caisse de la bibliothèque une somme de trois louis chacun, remboursable dans un an sans intérêts. De plus, une commission fut chargée de s'adresser à MM. du Parlement et de la Chambre des Comptes, leur montrant que la bibliothèque ne pouvait se soutenir sans des revenus fixes, et réclamait pour le moment des secours. Leur appel fut entendu et, le 15 mars 1779, le Parlement signa un arrêté par lequel « il serait pris à l'avenir un sol par livre en augmentation sur les sommes qui se con- signaient chez M. Rey, notaire, ayant des affaires d'intérêts des officiers de la Cour, pour frais de réception en différents offices. »

Le lendemain 16 mars, la Cour, considérant l'incertitude des secours qu'elle a entendu donner pour l'entretien de la bibliothèque, par son arrêté du jour précédent, décida « que ces secours étant vraisemblablement insuffisants et ne pouvant former annuellement une somme de 400 livres, a arrêté que, pour assurer aux directeurs de la bibliothèque une recette certaine et égale pour fournir aux besoins et à l'entretien de cet utile établissement, il sera annuellement payé par M. Rey une somme de 600 livres. »

D'un autre côté, le P. Ducros et M. Gagnon firent les mêmes démarches auprès des consuls de la ville, qui accordèrent, sur la proposition de M. Faure de Fombelle, 1er consul, et par délibération du 30 mars 1779, une somme de 600 livres, mais à condition que la bibliothèque resterait toujours *publique*

Enfin, on fit d'autres tentatives auprès de M. de Marcheval, intendant de la province, de M. de Cormon de Villemer (1), ami de M. Léchevin, premier commis de la maison du roi, pour obtenir de M. Necker, directeur des finances, des secours annuels à la bibliothèque.

Voici la réponse de M. Necker à l'intendant de Dauphiné, du 16 juillet 1779 :

« J'ai reçu, Monsieur, la lettre que vous
« m'avez fait l'honneur de m'écrire à la fin de
« mai dernier, en me renvoyant le mémoire
« qui avait été présenté à la Reine au nom de
« la ville de Grenoble, pour demander des
« secours en faveur des directeurs de la
« bibliothèque publique et du cabinet d'his-
« toire naturelle, formés depuis quelques
« années dans votre ville.

« D'après le témoignage que vous me ren-
« dites de l'utilité de ces deux établissements,
« je consens volontiers à ce que vous dis-
« posiez annuellement, ainsi que vous le
« proposez, d'une somme de 1000 fr. au profit
« des directeurs, pour leur faciliter les moyens
« de subvenir aux frais d'entretien qu'ils
« nécessitent ; vous pouvez expédier chaque
« année à compte de celle-ci votre ordonnance

---

(1) Jean-Pierre Cormon de Villemer, directeur des Vingtièmes, mourut à Grenoble, le 7 septembre 1786, âgé de 65 ans.

« de cette somme sur les fonds libres de la
« capitation pour cet objet.

« Quant aux 10,000 livres que ces directeurs
« doivent encore sur les dépenses premières
« que ces établissements ont occasionnées, je
« ne vois absolument aucun moyen de venir
« à leur secours à cet égard, puisque la
« situation des fonds libres de la capitation de
« votre généralité ne leur permet pas de sup-
« porter cette dépense, les circonstances
« actuelles sont loin de permettre de la
« prendre sur ceux du trésor royal, et il ne me
« serait pas possible de le proposer à Sa
« Majesté ; c'est ce que je vous prie de faire
« connaitre aux directeurs de la bibliothèque,
« en leur assurant la grâce qui leur est
« accordée et dont je me flatte qu'ils sentiront
« tout le prix. »

« NECKER. »

En remerciement des démarches faites par
M. Léchevin pour assurer le résultat de cette
affaire, le P. Ducros fut autorisé à lui envoyer
des morceaux choisis de minéralogie.

En résumé, les ressources de la bibliothèque
consistaient : 1º En une somme de 600 liv.
accordée par le Parlement de Dauphiné sur
ses propres fonds ;

2º En une semblable somme de 600 liv.
fournie par la ville ;

3º En une somme également annuelle de
1000 liv. accordée par le gouvernement sur les
fonds libres de la capitation ;

4º En une contribution de 96 liv. payée par

chaque avocat, au moment de sa réception. Cette dernière ressource, vu le grand nombre de récipiendaires, formait annuellement une somme de 2200 liv., ce qui, joint aux trois articles précédents, élevait la recette annuelle de la bibliothèque à 4400 livres.

De nouveaux dons vinrent accroître nos collections. Joseph-Claude Raby, dit l'Américain, légua par testament du 17 avril 1779, à la bibliothèque, ses livres, ses cartes, ses médailles, ses instruments de physique et quelques objets curieux, parmi lesquels nous citerons un modèle de frégate, un médaillier sculpté provenant de l'abbaye de Saint-Antoine que lui avait offert la direction de la bibliothèque. L'inventaire de cette collection de livres (1), dressé par le Père Ducros, fut divisé en deux parties : la 1re, composée de 406 ouvrages, fut vendue comme double ; la 2e, comprenant 742 vol., 4 manuscrits et 181 cahiers divers, fut placée dans la bibliothèque.

Au commencement de l'année 1782, la maison des Filles de la Magdeleine devait être vendue en raison de la réunion de cette communauté à celle de la Propagation, et comme elle était contiguë à la bibliothèque, le Père Ducros fit comprendre combien il serait avantageux de l'acheter. Son appel fut entendu : non seulement l'intendant donna 1200 livres pour cette acquisition, mais encore M. le marquis de Belmont, lieutenant général des

_____

(1) Inventaire de la bibliothèque de feu M. Raby, 27 nov. 1779, in-f° manuscrit de 8 ff.

armées du roi, y contribua pour une somme de 1000 livres.

Le Père Ducros, par son activité et ses nombreuses relations, trouva un moyen efficace pour augmenter ses collections de minéralogie. Il possédait une grande quantité de minéraux en double, il demanda l'autorisation de faire des échanges, ce qui lui fut accordé. Nous avons retrouvé à ce sujet dans ses papiers une correspondance bien curieuse avec des minéralogistes distingués dont voici quelques noms :

MM. d'Antigny, à Strasbourg ; Richard, médecin à Lyon ; Spilemann, professeur à l'Université de Strasbourg ; le comte de Fautrières ; le chevalier de Pelet, officier aux Gardes françaises ; le Père Angélique, du Bourg-d'Oisans ; le secrétaire du cabinet de Monsieur ; M. de Quinsonnas ; M. Giroud, imprimeur à Orléans ; M. Saint-Germain ; l'archevêque d'Aix ; l'abbé de Ravel ; M. Léchevin ; M. Schreiber ; M. de Franquières ; M. de Bournon ; M. Colson ; le baron Dietrik ; M. Baud, enfin Faujas de Saint-Fond. — Les lettres écrites par ce dernier sont des plus intéressantes ; l'une d'entre elles est relative à Buffon qui, dans ses derniers jours, souffrait d'une maladie de vessie. En voici un extrait :

« A Paris, le 9 avril 1787.

« Il y a un siècle, mon aimable ami, que je n'ai eu le plaisir de m'entretenir avec vous ; la vie que je mène est si laborieuse, elle est si errante que je n'ai pas le tems de remplir la moitié de mes devoirs, et mes plus intimes amis sont ceux envers qui j'ai le plus de tort de ce côté-là, parce que je compte le plus sur leur indulgence; je croiois de réparer mes tords auprès de vous en allant vous voir l'automne dernier, j'avois promis à M. le marquis de Sève d'aller à Grenoble, et je me faisois une fète de passer une quinzaine de jours avec vous que j'aime de tout mon cœur, et auprès de qui je me serois instruit; mais, par un contretems inatendu, il me fallu partir pour Aix, Marseille, Fréjus, Antibes, Nice, etc., et je ne suis de retour à Paris que depuis deux mois, mais je fais mes dispositions pour aller passer une quinzaine de jours à Grenoble au mois de septembre, et là nous aurons bien des choses à dire en histoire naturelle.

« Je m'adresse à vous dans le moment, mon cher ami, comme à quelqu'un d'actif et d'obligeant, pour vous prier d'une petite commission que vous ferez avec d'autant plus de plaisir qu'elle intéresse notre illustre père en histoire naturelle, M. de Buffon. Ce grand homme, que j'ai le bonheur de voir tous les jours, est attaqué d'une maladie à la vessie qui le tourmente sans cesse, et qui, selon moi, a tous les symptômes de la pierre, mais comme il ne veut pas se faire sonder, il est impossible de vérifier le fait: ses amis en sont dans la plus grande affliction. Il est, malgré ses souffrances et son âge, qui touche à 80 ans, si fort et si robuste qu'il seroit en état de supporter l'opération, mais comme rien au monde ne peut le déterminer à permettre qu'on le sonde et qu'il assure sans cesse qu'il a la gravelle et non la pierre, il s'occupe à faire de petits remèdes qui ne diminuent en rien son mal.

« Un des plus habiles médecins de Parme vient de lui envoyer une dissertation imprimée sur l'*uva ursi*, remède très anciennement reconnu comme très bon pour les maladies de la vessie ; mais le médecin, qui en a fait de grands usages, a observé que sa vertu est plus efficace encore, en faisant prendre les feuilles de ce sous-arbuste à la dose d'un gros, avec la condition essentielle que l'*uva ursi* doit être recueilli à la fin d'avril et lorsqu'il entre de nouveau en végétation, et qu'il faut le cueillir non dans les jardins de botanique, où il croit très bien, mais dans son lieu naturel, sur les montagnes, et à l'exposition du midy ; je vous demande donc en grâce, de la part de M. de Buffon, de vouloir bien nous procurer une livre de cette plante ; notre ami Liotard, à qui je vous prie de faire mes plus tendres compliments, sera assez aimable pour nous faire cette commission d'une manière très exacte ; l'*uva ursi* ne doit pas être bien éloigné de Grenoble, et il faut, je le répète, pour remplir exactement la commission, le choisir à l'exposition du midy, il faudra le faire sécher pendant quelques jours à l'ombre, le placer ensuite bien proprement et avec soin dans une boete avec deux enveloppes sur la boete : la première pour Monsieur le comte de Buffon, au jardin du roy ; la seconde par-dessus, à Monsieur de Menard de Conichard, intendant général des postes à Paris, et vous ferez mettre la boete à la poste ; s'il faut débourser quelque chose pour cela soit auprès de Liotard ou de

tout autre, faites-le et envoyez-m'en une note.
Si Liotard avoit des graines de mélèze ou de
tout arbre résineux des montagnes du Dauphiné, et que les graines fussent bien saines
et bien conservées, faites-moy le plaisir de
lui dire que je le prie d'en mettre un paquet
dans la même boete où sera l'*uva ursi*...

« Adieu, mon cher ami, écrivez-moy sous le
convert de M. l'Intendant de Dauphiné, que je
vois assez souvent.

« *Vale et me ama*

« FAUJAS DE SAINT-FOND. »

IV.

Confirmation par lettres patentes de la fondation de la Bibliothèque publique. — La Bibliothèque pendant la Révolution. — Bibliothèque des couvents supprimés et des émigrés.

La bibliothèque était devenue, depuis le jour de son ouverture, un centre où se réunissaient tous ceux qui cultivaient les sciences. Le gouvernement, qu'on sollicitait depuis longtemps, consentit à confirmer par lettres patentes la fondation de la bibliothèque publique et permit à cet établissement de recevoir des dons et legs. Ces lettres, datées du mois de novembre 1780, furent enregistrées au Parlement le 8 janvier suivant, et désormais la bibliothèque et le cabinet d'histoire naturelle eurent une existence légale (1) ; le P. Ducros déploya la plus grande activité pour l'obtention de ces lettres patentes comme il paraît dans sa correspondance avec M. Léchevin (2) et M. Campy, commissaire ordonnateur des guerres.

Quant au cabinet d'histoire naturelle auquel le Père Ducros apportait tous ses soins, nous ne pourrions mieux faire que de citer un pas-

(1) Ch. Révillout, *L'ancienne Académie Delphinale*, Bull. de l'Ac. Delph., 2ᵉ série, t. 1, p. 346.

(2) En témoignage de reconnaissance, la direction de la bibliothèque le nomma, dans sa séance du 3 janvier 1788, associé honoraire de la Société littéraire.

sage d'une lettre de Faujas-St-Fond, son ami, du 16 mars 1782, sur cette utile création : « Je me félicite, dit-il, sur l'agrandissement de votre cabinet; il n'y avait que vous au monde capable de pousser un établissement si loin, mais rien ne m'étonne quand on connaît votre infatigable activité et votre passion pour les belles connaissances. »

Les vingt-cinq souscripteurs choisis pour diriger la bibliothèque de Grenoble ne se bornèrent pas à cette direction, et, se livrant à l'étude de tout ce qui a rapport aux lettres, aux arts, aux sciences, notamment à l'agriculture et au commerce, ils formèrent en peu d'années une société ou académie. Aussi reçurent-ils des lettres patentes, données à Versailles au mois de mars 1789 et enregistrées le 6 juillet suivant, qui accordaient à cette société le titre d'*Académie Delphinale*, en augmentant le nombre de ses membres de manière à l'élever à quarante (1).

Lorsque arrivèrent les événements de 1788, l'exil du Parlement, l'émeute connue sous le nom de *Journée des Tuiles*, la bibliothèque servait aux réunions politiques et le P. Ducros inventait, pour les fêtes populaires, des transparents ingénieux et de grandes lanternes cylindriques qui tournaient sur elles-mêmes par le seul effet de la chaleur (2).

(1) Ducoin. Notice sur la bibliothèque. *Courrier de l'Isère*, n° 2488, du 15 août 1835.

(2) Récits des fêtes données à Grenoble les 12 et 20 octobre 1788, au retour du Parlement, p. 3 et 5. Ch. Revillout. *L'Académie Delphinale*, Bullet. de l'Ac., 2° s., t. 5, p. 353.

Le Parlement de Grenoble fut suspendu le
3 novembre 1789, la corporation des avocats
supprimée ; ces mesures amoindrirent et mo-
difièrent les revenus de la bibliothèque, mais
une députation de l'Académie Delphinale, composée de MM. de Courtois Minut, Gagnon et
Ducros, se présenta le 16 août 1790 devant le
Directoire et demanda des secours pour faire
subsister la bibliothèque. Ils obtinrent une
somme de 500 livres payable entre les mains
du bibliothécaire. La lettre suivante du P.
Ducros, écrite au Directoire pour accuser
réception de cette ordonnance, est consignée
dans les registres de cette assemblée (1) ; la
voici :

« J'ai reçu l'ordonnance de 500 livres que le Di-
« rectoire a bien voulu accorder à la bibliothè-
« que publique pour subvenir à ses pressants
« besoins. L'extrait de sa délibération du 16
« août que vous y avez joint nous fait espérer
« que le Directoire, connaissant l'utilité de cet
« établissement, prendra avec succès ses in-
« térêts dans l'assemblée prochaine du dépar-
« tement de l'Isère. Versés dans la littérature,
« l'histoire et la politique, personne ne peut
« mieux apprécier que vous combien les biblio-
« thèques publiques peuvent contribuer à la
« gloire et à la prospérité des Etats.. »

Quelques mois après, le 9 décembre 1790,
dans l'assemblée administrative du département de l'Isère, séante à Vienne, sous la pré-

---

(1) Registre du Directoire du département de l'Isère,
p. 101.

sidence de M. Aubert-Dubayet, M. Boissier
fit un rapport dans lequel il observa que, par
délibération du 16 août dernier, le Directoire,
pour empêcher la chute de la bibliothèque,
avait accordé une légère gratification de 500
livres ; il prouva qu'il existait un déficit considérable dans les revenus, qu'il fallait y sup-
pléer si l'on voulait prévenir la ruine subite
d'un établissement qui faisait honneur au département. « En détruisant, dit-il, la bibliothèque d'Alexandrie, le farouche Omar agit en des-
pote et se montra fidèle à ses principes : une
administration composée d'hommes libres
s'écarterait des siens et se couvrirait de honte
si elle suivait un exemple donné par le despotisme, dans ce siècle de barbarie. » La matière mise en délibération, l'assemblée, après
avoir entendu le procureur général-syndic,
arrêta ce qui suit : Il est accordé provisoirement, pour l'année 1791, à la bibliothèque publique établie à Grenoble, une somme de 2,000
livres, qui sera répartie sur tous les contri-
buables du département, au marc la livre de
leur contribution personnelle, sans préjudice
du don annuel de 600 livres que la municipa-
lité de ladite ville continuera de payer à la
même bibliothèque.

On sait que la loi du 24 juin 1792 ordonnait
de brûler les titres féodaux et généalogiques.
Le département de l'Isère prescrivit leur brû-
lement officiel, qui se fit à Grenoble les 18 et
19 brumaire an II (8 et 9 novembre 1793). A
Vienne, les livres de ce genre qui existaient
dans les bibliothèques nationales furent brûlés
dans la grande cour de l'archevêché. Le bi-

bliothécaire de Grenoble fut, lui aussi, obligé de remettre les nobiliaires conservés dans son dépôt, comme nous l'apprend la lettre suivante, du 28 novembre 1792 :

« Je vous prie, citoyen Ducros, directeur de
« la bibliothèque publique de Grenoble, de
« recueillir les nobiliaires et autres œuvres
« de ce genre qui se trouvent dans la biblio-
« thèque et de les faire parvenir au Directoire,
« qui les fera brûler avec ceux de ce genre
« qui seront trouvés dans la bibliothèque. La
« loi a proscrit ces œuvres, destinées jadis
« par l'orgueil à perpétuer le souvenir du vieil
« esclavage de la raison ; elle a proscrit la
« plus absurde de toutes les distinctions, celle
« qui vouloit que des hommes naquissent au-
« dessus des autres, et une administration
« républicaine se doit à elle-même de détruire
« ces monuments de la vanité.

> « *Le Procureur-syndic du district de*
> « *Grenoble,*
>
> « HILAIRE. » (1)

Le 8 août 1793, l'Académie Delphinale disparut ; la bibliothèque de Grenoble, par ce fait, resta sans direction. Livré à lui-même, le Père Ducros employa toutes ses ressources pour sauver le précieux dépôt qui lui était confié.

Avant 1789, la bibliothèque était augmentée d'un exemplaire de 5 les ouvrages qui sortaient de l'imprimerie royale ; le Père

(1) Archives de M. Joseph Poncet, avocat.

Ducros n'était pas étranger à cette faveur qui n'était accordée à aucune autre bibliothèque de province; sa correspondance avec Anisson, directeur de l'imprimerie royale, en fait foi; il lui avait même offert, à titre gracieux, une collection de minéraux dauphinois.

E. Ducros n'était pas seulement un biblio-phile distingué, c'était aussi un peintre (1) et un sculpteur; dans ses moments de loisirs, il moulait de petits médaillons en plâtre repré-sentant les hommes illustres de toutes les époques et les donnait à ses nombreux amis; il offrit en juillet 1794 une collection de mé-daillons au Comité révolutionnaire de Gre-noble qui le remercia par la lettre suivante :

« Grenoble, le 6 thermidor an II.

« Les vrais républicains ne rougissent jamais
« d'avoir leurs torts lorsqu'ils s'en apperce-
« voient; tu aurois raison de nous taxer d'in-
« gratitude si tu ne connoissois pas tous les
« membres qui composent le Comité; nous
« avons reçu avec plaisir et reconnaissance
« la collection d'hommes célèbres par leurs
« actions civiques, tant de l'ancienne Rome
« que de notre république naissante, que tu
« nous as fait passer. Il n'y a aucun de nous

(1) M. Poncet possède un portrait en miniature du Père Ducros peint par lui-même. Le portrait, que le *Dauphiné* a publié dans son n° 1323, a été dessiné par L.-J. Jay, fondateur du Musée de Grenoble, et reproduit par un autre Dauphinois, M. Cassien; il nous a été gracieuse-ment communiqué par Mme veuve Eléonore Navizet, l'une des héritières du Père Ducros.

« qui ne te fit d'intention ses remerciements
« lors de la réception de ton cadeau ; ils déci-
« dèrent de l'écrire et cependant nous venons
« de nous rappeler que cette lettre avoit été
« oubliée, de suite le Comité a décidé que
« cette faute involontaire seroit réparée ; nous
« ne te ferons pas de compliments, nous te
« dirons seulement que ton don nous est
« d'autant plus précieux qu'il vient d'un sans-
« culotte que nous estimons infiniment.

« Salut, amitié et fraternité.

    « GOURDON, président, PAPET fils,
      « ROMANET, POUDRÉ, CHEVRIER,
      « BLANCHON, L. PARADIS. »

A cette époque, le Père Ducros faisait partie
des diverses sociétés républicaines de Grenoble ; nous avons sous les yeux plusieurs
certificats de civisme qui lui furent accordés ;
nous reproduisons ici celui qui lui fut délivré
le 4 mars 1794, par les membres du Comité de
la 6e section :

« LIBERTÉ, EGALLITTÉ.

« Nous, membre du Comitté de la 6e sexsion
« ditte sanqulotte, certifion que le citoyen
« Etiene Ducros, bibliotéqaire et un très bon
« patriotte et vrais républiquin, et ques dens
« tous les cas ils ses bien montré par
« des dont multipliés, et en outre, il donne
« tous les mois pour les pauvre de la sexsion.

« En fois de quois nous luis avons délivré le
« présent. Fait à Grenoble, ce 14 ventos, 2ᵉ de
« la République une et indivisible.

« Michel DARIER, MORIN, BUISSON,
« PONT, JAT, GIGAY, FROMENT.
« RENAULDON, MICHAUT » (1).

Depuis 1793, la bibliothèque avait été entièrement oubliée. Cette situation ne fut pas de
longue durée, le P. Ducros, par ses connaissances puissantes et par l'intervention de
L. Prunelle de Lière, député de l'Isère à la
Convention, obtint pour nos collections deux
exemplaires des diverses publications qui
avaient été imprimées par l'ordre du Comité
de salut public : « Préviens le citoyen Ducros
et engage-le de me faire tenir note de ce qu'il
a reçu, et de m'en adresser une copie pour
que je sois à même de juger si l'envoi est com-
plet, au moins pour les objets les plus impor-
tants » (2).

Pendant les mois précédents, le Père Ducros
avait établi le catalogue des livres existant
dans le district de Grenoble, dans les maisons
nationales et des émigrés, ainsi que de *tous
autres monuments des sciences et des arts.*

En même temps, on avait vendu un certain
nombre d'ouvrages jugés inutiles ou de rebut :
le Comité d'instruction publique prévenu dé-

---

(1) Archives de Mᵐᵉ Eléonore Navizet.
(2) Lettre du 10 frimaire an 3 (30 novembre 1794), de
L.-J. Prunelle au citoyen Camille Teisseire, agent national
de Grenoble.

sapprouva cette vente, et le P. Ducros reçut,
peu après, cette curieuse lettre d'Hilaire, agent
national du district de Grenoble :

« 15 décembre 1794.

« J'ai désapprouvé la vente des livres que
« tu as jugé de rebus ; fais-moi le plaisir de
« me faire remettre un double du catalogue
« des livres et monuments des sciences et
« des arts existants dans ce district, en dis-
« tinguant l'ancien patrimoine de la bibliothè-
« que et du cabinet d'histoire naturelle d'avec
« les livres et monuments provenus des éta-
« blissements nationaux et maisons d'émigrés
« dont tu as enrichi la bibliothèque publique
« et le cabinet.

« Fais au bas de ce catalogue l'observation
« judicieuse et vraie qu'il n'a été vendu
« que des livres insignifiants reconnus tels
« en connoissance de cause, dans l'objet
« d'épargner les frais et les embarras d'un
« rassemblement de fumier et leur confusion
« avec les monuments des sciences et des
« arts. Fais sortir ce contraste en rappelant
« les chefs-d'œuvre que tu as conservé et les
« bouquins insignifiants que tu as rejeté.

« J'enverrai ce catalogue au comité d'ins-
« truction, et par tes soins le district sera
« disculpé de la barbarie qu'on lui impute
« mal à propos, et tu jouiras du plaisir d'ap-
« prendre au comité d'instruction publique
« que Paris n'a pas le droit exclusif de con-
« noitre les sciences et les arts, et qu'il existe
« dans les départements des hommes ins-
« truits qui ont survécu à la barbarie de Ro-

« bespierre et son parti, et des monuments
« précieux échappés au vandalisme et à ses
« torches destructives.

« Je me charge de payer les frais de ce tra-
« vail, je te prie de le bien diriger; ne crains
« point de spoliation, je défendrai de tous mes
« moyens ton dépôt, et si je le puis je le ferai
« encore enrichir.

« HILAIRE. »

Voici la réponse du Père Ducros au citoyen
Hilaire, agent national :

« 23 décembre 1794.

« J'ai reçu ta lettre, citoyen frère et ami, et
« j'y réponds tout de suite. J'ai été surpris
« ainsi que toi du reproche injuste que fait
« au district le comité d'instruction publique
« sur la vente des livres qu'on a fait et sur le
« retard d'envoyer le catalogue de tout ce
« qu'on a pu recueillir concernant les scien-
« ces et les arts. Qu'on connoît peu le génie
« des citoyens du département de l'Isère et
« surtout du district de Grenoble ! Une biblio-
« thèque publique de plus de 50,000 volumes,
« un vaste cabinet d'histoire naturelle renfer-
« mant toutes les productions de la ci-devant
« province de Dauphiné, formée par une sous-
« cription volontaire des citoyens de cette
« commune, qui ont dépensé plus de 300,000
« livres, soit pour l'acquisition des livres, mé-
« dailles, histoire naturelle et autres monu-
« mens concernant les sciences et les arts,
« soit pour construire un local propre à rece-

« voir toutes ces richesses, nous garantissent
« de la fureur du vandalisme qui n'a peut-
« être que trop régné dans d'autres départe-
« ments. Qui mieux que moi doit connaitre
« les dispositions des citoyens de ce pays
« pour les sciences et les arts ! Depuis 20 ans
« que je prends soin de cet utile établisse-
« ment, ne vois-je pas les progrès qui ont
« été faits dans ce pays par les élèves qui
« se sont formés, et par leurs recherches con-
« tinuelles et les lumières qu'on venait puiser
« dans cette bibliothèque?

« Toutes ces raisons, qui son' vraies et que
« tu peux donner au comité d'instruction pu-
« blique, doivent le rassurer sur la crainte qu'il
« a, soit de la prétendue vente de quelques
« livres, soit sur la négligence qu'on nous im-
« pute de ne pas prendre soin de tous les mo-
« numens des sciences et des arts qui peu-
« vent se trouver dans ce district. Vous
« m'avez chargé de cette commission, mon
« zèle est connu de tous nos concitoyens et
« je tâcherai de répondre à votre confiance.
« Je te jure que rien ne s'écartera, et s'il s'est
« vendu quelques livres à mon insu dans
« quelques maisons de campagne des émigrés
« qui étaient éloignées de Grenoble, j'ai ap-
« pris par voie sûre qu'il n'y avait dans ces
« maisons que quelques misérables livres de
« rebut et tous incomplets, et, par consé-
« quent, de nulle valeur, qui n'auraient pas
« payé les frais de transport. Je dois cepen-
« dant te dire, pour ne pas tromper l'attente
« du comité d'instruction publique, que la
« plus part des bibliothèques que je connais,

« soit des maisons ci-devant monacales, soit
« des émigrés, ont été dilapidées et renfer-
« ment très peu de livres rares et curieux et
« utiles ; il n'a pas été au pouvoir du district
« d'empêcher les spoliations qui ont été faites
« avant qu'on en pu prendre possession. La
« plus part de nos émigrés étaient sortis long-
« temps avant que la loi les frappa d'ana-
« thème. Ils ont pu, pendant tout ce temps-là,
« enlever par leur agent tout ce qu'ils ont
« voulu, soit en livres, tableaux et autres ob-
« jets qui auraient orné nos musées natio-
« naux. Je connoissois tout ce qu'il y avoit de
« curieux en ce genre, et je ne trouve plus ce
« que je croyois recueillir. Encore, parmi ce
« qui nous reste, y a-t-il la plus part des livres
« incomplets. Nous aurons cependant encore
« beaucoup de choses, mais nous aurons tou-
« jours à regretter ce qui nous a échappé !

« J'ai déjà réuni au district plusieurs cata-
« logues de différentes bibliothèques dont je
« suis dépositaire. Le district en a fait sauvé
« aussi plusieurs autres qui doivent être en-
« core sous les scellées.

« J'ai employé tout le printemps passé à
« faire transporter dans des salles de la bi-
« bliothèque publique beaucoup de livres,
« tableaux, gravures, sculptures, instruments
« de physique, d'astronomie, etc.; je croyois
« mettre tout cela en ordre pendant les mois
« libres de fructidor et vendémiaire, époque
« où la bibliothèque publique est fermée ; mais
« tu sais, citoyen, que malgré mon zèle et mon
« activité, je n'ai pu y travailler. Le district
« m'envoya à la fin de prairial à la Grande-

« Chartreuse pour recueillir la bibliothèque,
« tableaux et autres objets de sciences et arts
« qui pouvaient être dans cette maison, et
« j'y pris une transpiration arrêtée qui m'a
« laissé depuis cette époque un rhumatisme
« universel qui ne me permet pas de remuer,
« pour ainsi dire, ni pieds, ni mains ; je ne
« puis même espérer un amendement à mes
« maux, suivant les esculapes de notre pays,
« qu'au temps de la belle saison. Je ne puis
« donc achever le travail que te demande le
« comité d'instruction publique. Je souffre de
« ce retard, et, pour entrer dans les vues d'uti-
« lité qu'il se propose, je te demande, citoyen
« agent national, de m'autoriser à prendre
« quelqu'un qui, sous ma direction, m'aidera
« à faire ce que l'on désire si ardemment.
« J'emploierai toute l'économie possible, tu
« peux me donner en cela ta confiance et plein
« pouvoir ; tu sais par expérience que je n'en
« abuserai pas, tu connois mon désintéresse-
« ment personnel et mon zèle pour le bien pu-
« blic. Le district doit donc être tranquille sur
« les imputations du comité d'instruction pu-
« blique, nous aimons tous ici, aussi bien que
« lui, le progrès des sciences et des arts, et
« nous n'ignorons pas que la barbarie tue la
« liberté et ramène toujours le despotisme. Les
« Grecs et les Romains en firent la triste expé-
« rience, et nous saurons nous garantir de ce
« fléau destructeur. »

Outre les inventaires de huit bibliothèques
provenant des couvents supprimés qu'avait
en possession le district, et qui furent versées

à la bibliothèque de la ville (1), le Père Ducros dressa les inventaires des bibliothèques des émigrés suivants :

Anglancier Saint-Germain.

Baro Rivière, ci-devant aumônier des religieuses de Vif.

De Baratier.

Courtois-Minuit, doyen de N.-D. de Grenoble.

Pierre Dinaux, prêtre déporté.

Marc Dolle aîné.

Joseph Gigard, ancien curé de Saint-Joseph.

De La Coste, ex-président ; Gaillardon, ex-chanoine.

Armand-François de la Tour du Pin Montauban.

Nicolas-Marie Michaud, chartreux, chanoine de N.-D. de Grenoble.

Arthur de la Croix de Sayve, ancien président au Parlement de Grenoble.

Laurent Michon aîné, prêtre.

Nivière, chartreux.

Gaspard Ray, prêtre.

Pierre-Marc de Vaux.

Jean-Baptiste Verdier, chartreux.

De Venterol.

Joseph-Marie Gallicien de Villeneuve.

François-Henri de Virieu.

Gamon-Montval, Herculais et Melat.

L'année suivante (1795), il fut chargé par la commission des travaux publics, d'établir le

---

(1) C'étaient les bibliothèques des Capucins, Carmes, Dominicains, Augustins, Oratoriens, Récollets de la ville de Grenoble, de l'abbaye de Saint-Antoine et de la Grande-Chartreuse.

catalogue des cartes géographiques déposées dans son dépôt et de l'adresser à Paris.

Les livres des émigrés confiés à sa garde ne restèrent pas bien longtemps dans les salles de la bibliothèque. Le 24 mars, il recevait en communication de Boisverd, vice-président du directoire du district, une lettre de la commission de l'instruction publique du 11 février, par laquelle il était prié de se hâter de faire restituer à ceux auxquels la loi avait rendu la liberté, les bibliothèques « que vous auriez « pu mettre en séquestre, le respect des pro- « priétés est le Palladium de la liberté, il vous « commande impérieusement cette mesure, « et nous vous chargeons de nous en rendre « compte dans le plus bref délai. Salut et « fraternité.

« GARAT, GUINGUENÉ, CLÉMENT DE RIS. »

Au mois de septembre de la même année, le P. Ducros présenta une pétition au Directoire du département de l'Isère, tendant à obtenir, une augmentation de traitement, attendu qu'il ne peut vivre, dit-il, avec 2 500 livres par an. Après avoir examiné sa demande, le Directoire « considérant que le « prix excessif auquel les denrées sont par- « venues rend le traitement du pétitionnaire « très insuffisant, considérant que la place « qu'il occupe le range dans la classe des « fonctionnaires publics, et qu'il est accordé « la valeur d'une livre et demie de pain par « jour, arrête qu'outre son traitement, il sera « payé provisoirement au citoyen Ducros, à

« dater du premier vendémiaire an IV (29 sept.
« 1795), une somme égale à la valeur d'une
« livre et demie de pain par jour. »

L'année suivante, il fut chargé, avec M.
Schreiber, ingénieur des mines, de procéder à
l'inventaire des effets existant dans le cabinet
d'histoire naturelle provenant du cabinet de
Mathieu-Antoine la Croix de Sayve ; le dépôt
en fut confié à la garde de Jean-Denis-René de
la Croix St-Vallier, son parent, jusqu'à ce que
le Corps législatif ait décidé si les chevaliers
de Malte, attachés à ce corps avant 1789, devaient être réputés émigrés ou non.

V.

Le manuscrit des poésies de Charles d'Orléans.

Vers la fin de l'année 1798, Ducros adressa au ministre de l'intérieur un rapport détaillé sur les richesses de la bibliothèque de Grenoble ; il signala en première ligne le manuscrit contenant les poésies de Charles d'Orléans comme un des plus précieux. La réponse du ministre ne se fit pas attendre, car le 20 pluviôse an VII (8 fév. 1799), il reçut la lettre suivante :

« Paris, le 20 pluviôse an VII.

« Citoyen, je vois avec bien de la satisfaction les soins éclairés que vous donnez à l'établissement qui vous est confié. Il est glorieux de pouvoir compter tant d'années consacrées entièrement aux sciences, et cette gloire vous appartient. Je ne doute pas que la reconnaissance de vos concitoyens ne vous dédommage de vos travaux et de vos sacrifices.

« Le manuscrit d'Astezan de Villeneuve d'Asti, que la bibliothèque de l'Isère possède, m'était inconnu ; tout ce que vous m'en dites me le fait considérer comme un monument de bibliographie extrêmement curieux, et vous penserez comme moi, citoyen, que la bibliothèque centrale de la République ne doit pas être privé du seul exemplaire que nous ayons d'un ouvrage aussi intéressant.

« Je vous invite donc, citoyen, à m'adresser par l'entremise de l'administration du département de l'Isère le manuscrit dont il s'agit, dès que la copie, à laquelle vous m'avez annoncé faire travailler et que vous garderiez pour la bibliothèque de l'école centrale, sera achevée.

« Salut et fraternité !

« François DE NEUFCHATEAU. »

Le Père Ducros ne pensa pas comme le ministre, il ne fit pas achever la copie du manuscrit et eut le bon esprit de le garder précieusement dans son dépôt. Nous ne savons, dit M. Champollion-Figeac (1), comment ce volume passa, avant l'année 1691, de la bibliothèque du duc Charles d'Orléans dans celle du président Expilly, et il ajoute que ce fut ce jurisconsulte célèbre qui le céda à l'évêque de Caulet. Cette cession n'a pas été faite par Expilly, qui mourut en 1636, l'évêque de Grenoble, Jean de Caulet, n'ayant été appelé sur le siège épiscopal de Grenoble qu'en 1726. Claude Expilly laissa ses biens à sa fille unique Gasparde, mariée : 1º à Laurent de Chaponay ; 2º à Claude Fassion, sieur de Brion.

Isabeau de Chaponay, sa fille, s'unit à Pierre-Louis de Veynes, seigneur du Prayel,

---

(1) *Chroniques dauphinoises*, 1880, p. 40.

conseiller au Parlement de Grenoble ; elle légua à son mari par testament du 15 janvier
1660 « l'usage des livres de la bibliothèque du
feu président Expilly. (1) » Plus tard, les hé-
ritiers de M. de Veynes vendirent à Jean de
Caulet une partie des livres et manuscrits de
cette collection, qui forme aujourd'hui une des
séries les plus précieuses de la bibliothèque
de Grenoble.

---

(1) Minutes de Me Patras, fo 18.

VI.

**Bustes des grands hommes du Dauphiné. —
Procès-verbal de l'Administration centrale
adressé au P. Ducros. — Sa réponse.**

Le 3 mars 1809, le Père Ducros reçut l'arrêté suivant qui le charge de se concerter avec le citoyen Comolli, sculpteur de la République romaine, pour l'exécution des bustes de Bayard, Condillac, Mably, Vocanson et Barnave :

« Depuis longtemps, tous les amis des sciences et des arts avaient conçu le projet d'honorer les grands hommes nés dans cette partie du ci-devant Dauphiné qui compose le département de l'Isère, et d'en perpétuer la mémoire par des monuments dignes d'eux ; mais l'énormité des dépenses qu'a occasionnées une guerre longue et dispendieuse n'a pas permis au gouvernement ni aux administrations d'exécuter jusqu'à présent un projet aussi utile.

« Si vous n'avez pas les moyens d'élever un monument à *ce chevalier* qui se distingua autant par ses vertus morales que par sa bravoure et ses exploits militaires ; à ce *philosophe* qui, par ses œuvres, où est développé avec tant de clarté et de précision le système des connaissances de l'esprit humain, a mérité et obtenu le surnom de

« *Locke français* ; au *philosophe*, frère de celui-
« ci, que ses utiles ouvrages ont fait regarder
« chez les contemporains mêmes comme le
« premier publiciste de l'Europe ; à ce célèbre
« *mécanicien* qui, par le génie de l'invention
« et de l'exécution de ses automates et de ses
« autres machines et par ses mémoires et
« travaux pour les manufactures, rendit de
« grands services aux arts, dont il étendit le
« domaine ; enfin, à cet aimable *poète*, à qui
« la grâce et la fraicheur des idées ont fait
« donner le surnom de *Gentil*.

« Si vous n'avez pas, dis-je, les moyens
« d'élever un monument digne de ces grands
« hommes, vous avez au moins celui d'orner
« de leurs bustes vos établissements pu-
« blics.

« Grenoble possède depuis quelque temps,
« dans son sein, le citoyen Comolli, sculpteur
« de la République romaine et l'un des infor-
« tunés Italiens qui s'y sont réfugiés pour
« échapper à la tyrannie : les bustes de
« quelques citoyens de cette commune ont
« fait connaitre ses talents, et vous n'avez pas
« lieu d'espérer des circonstances plus favo-
« rables pour l'exécution de ce projet ; en
« rendant hommage à ces grands hommes,
« vous entretiendrez chez nos concitoyens, et
« particulièrement chez les jeunes élèves de
« l'Ecole centrale, l'attachement au gouver-
« nement qui les protège et les encourage,
« et leur amour pour l'étude des belles-lettres,
« des sciences et des arts qui font la gloire et
« l'ornement de l'Etat.....

« La matière, mise en délibération, ouï le

« commissaire du gouvernement, l'adminis-
« tration, mue par les motifs ci-dessus déve-
« loppés, arrête ce qui suit :

« Art 1er. — Le citoyen Ducros, bibliothécaire de la bibliothèque publique de Grenoble,
est chargé de se concerter avec le citoyen
Comolli, sculpteur de la République romaine,
pour l'exécution des bustes de Bayard, Condillac, Mably, Vocanson et Bernard, de lui
procurer leurs portraits et de régler avec lui
le prix de ces bustes qui ne pourra excéder
la somme de 600 fr., pour le payement de
laquelle il sera délivré au citoyen Ducros, sur
le citoyen Giroud, receveur de ce département,
une ordonnance payable des fonds destinés
aux dépenses imprévues. »

« Art. 2. — Les bustes des grands hommes
dénommés en l'art. 1er seront placés dans la
bibliothèque publique de Grenoble. »

Réponse du Père Ducros :

Grenoble, 23 ventôse an VIII (14 mars 1800).

Le citoyen Ducros, bibliothécaire et garde
du cabinet d'histoire naturelle de la bibliothèque publique de Grenoble.

Au citoyen Président de l'administration
centrale du département de l'Isère.

« J'ai reçu, citoyen Président, l'arrêté de
« l'administration centrale du 12 de ce mois,
« qui me charge de me concerter avec le
« citoyen Comolli, sculpteur de la République
« romaine, pour l'exécution des bustes de

« Bayard, Mably, Condillac, Vocanson et de
« Gentil-Bernard, ainsi que l'ordonnance de
« 600 fr. sur le citoyen Giroud, receveur de
« ce département. En rendant hommage à nos
« grands hommes qui ont illustré notre patrie,
« vous perpétuez la mémoire de votre admi-
« nistration ; les bustes de ces hommes
« célèbres, placés dans les salles de la biblio-
« thèque publique dont ils feront en partie
« l'ornement, attesteront à nos descendants
« vos vues bienfaisantes et rappelleront aussi
« le zèle des généreux citoyens de cette
« commune qui, par une souscription volon-
« taire, concoururent à la formation de cet
« utile établissement et qui a été aussi l'objet
« de vos soins et de vos sollicitudes. Quel
« effet fera la présence de ces bustes dans un
« monument des sciences sur l'âme des
« jeunes gens lorsqu'ils liront les ouvrages de
« ces hommes immortels. Un pareil projet
« doit enflammer le zèle de tous ceux qui
« désirent le progrès des sciences et des arts ;
« aussi le citoyen Comolli, avec qui j'ai traité
« pour l'exécution de ces bustes, a-t-il promis
« de déployer tout le génie de son art en leur
« donnant à chacun une forme colossale. Cet
« artiste infortuné, qui n'a que ses talents
« pour se consoler des malheurs de sa patrie,
« parait bien plus flatté de la confiance que
« lui donne dans ce moment l'administration
« centrale, que de la rétribution qu'on a fixée
« pour son travail. Dans l'enthousiasme de sa
« reconnaissance, il veut seconder votre zèle
« en donnant tout le fini possible à son
« ouvrage et laisser par là, aux citoyens de

« Grenoble, une marque de sa gratitude et de
« sa sensibilité pour tous les bons accueils
« que lui et ses infortunés compatriotes
« italiens ont reçu dans cette affaire.

« Enflammé du même zèle qui vous anime,
« permettez, citoyens administrateurs, que je
« vous fasse une pétition pour avoir un
« sixième buste : c'est un hommage que nous
« devons à la mémoire d'Alexis Fontaine,
« contemporain de Vocanson, de ce célèbre
« mathématicien qui, suivant le jugement de
« d'Alembert et de Condorcet, mérite d'oc-
« cuper le premier rang parmi les géomètres.

« Salut et fraternité.

« DUCROS,

« *Bibliothécaire de la bibliothèque publique de Grenoble.* »

A la suite de cette dernière supplique, le
Père Ducros reçut une lettre du président de
l'administration centrale, du 2 germinal an 8
(23 mars 1800), par laquelle il était autorisé
à s'entendre avec Comolli pour l'exécution du
buste d'Alexis Fontaine, avec une ordonnance
de 120 fr. pour le prix de ce buste.

VII

Création de la commission administrative de la bibliothèque. — Dernières années du Père Ducros. Sa mort.

Le 6 mars 1803, une commission administrative de la bibliothèque fut créée par le préfet de l'Isère ; elle tint sa première séance le 25 mars, dans la salle de la bibliothèque dite la *salle des Avocats* ; elle se composait de dix-huit membres, dont voici les noms :

De Barral, président du tribunal d'appel ;
Bernard, homme de loi ;
Danthon-Vidaud, propriétaire ;
Dubouchage, conseiller de préfecture ;
Dubois-Fontanelle, professeur de belles-lettres ;
Ducros, bibliothécaire ;
Gagnon, médecin ;
Gattel, professeur de grammaire ;
Jay, conservateur du Musée ;
Maurel, conseiller de préfecture ;
Montalban, propriétaire ;
Périer, Augustin, négociant ;
De la Porte, propriétaire ;
Renauldon, maire de Grenoble ;
Revol, homme de loi ;
Royer aîné Louis, propriétaire ;
Teisseire Camille, négociant ;
De Saint-Vallier, maire de Saint-Ismier.

Dans cette première séance, les conservateurs furent priés de présenter dans la prochaine séance un rapport sur l'état actuel des établissements confiés à leur surveillance, et le 3 avril 1803, le Père Ducros lut un rapport des plus intéressants dont voici un extrait.

« Lors de la destruction des ordres religieux,
« la plupart des livres qui se trouvaient dans
« les couvents furent, à différentes époques,
« apportés à la bibliothèque. Quoique parmi
« ces livres il y en ait fort peu de bons, il
« conviendrait d'en faire un choix et d'in-
« corporer à la bibliothèque ceux qui y
« manquent ; les doubles seraient échangés
« ou vendus à l'enchère, les rebuts au poids
« et le prix employé à acheter les ouvrages
« les plus nécessaires.

« Il existe encore à la bibliothèque des
« caisses remplies de livres, apportés les uns
« des districts de la Tour-du-Pin et de St-
« Marcellin, les autres de la maison de St-An-
« toine. Ces caisses, qui n'ont point encore
« été ouvertes, peuvent fournir quelques bons
« livres, et après le triage, le reste sera vendu
« comme il a été dit. On pourra tirer le même
« parti d'une bibliothèque qui se trouve à la
« Grande-Chartreuse. Ces divers moyens four-
« niront, pour le moment, une ressource
« prompte et facile, dont la commission dé-
« terminera l'emploi. »

Dès le mois de mai 1803, on commença à transporter de la Grande-Chartreuse les livres qui en formaient précédemment la bibliothèque ; ils furent déposés dans l'ancienne église du collège, où ils eurent beaucoup à souffrir de l'humidité et de la poussière.

D'un autre côté, le P. Ducros s'occupait du dépouillement des livres provenant de la riche bibliothèque de l'Oratoire et plaça dans celle de la ville ceux qui devaient y être conservés. De plus, il fut autorisé à transporter dans une des salles dépendantes de la bibliothèque les livres des Chartreux déposés dans l'église du collège (12 juillet 1803) (1). L'inventaire en fut dressé par MM. Gagnon, Gattel, Ducros et Chalvet (2).

---

(1) Le préfet de l'Isère,

Considérant que *tous les livres et manuscrits provenant de la Grande-Chartreuse sont arrivés*, et qu'ils ne peuvent rester plus longtemps déposés dans la salle, au-dessus du Musée, sans éprouver des dommages considérables,

Arrête que tous les livres et manuscrits provenant de la Grande-Chartreuse, et qui se trouvent actuellement dans la ci-devant église du collège, seront transférés de suite à la bibliothèque publique de Grenoble pour y rester en dépôt et qu'il en sera fait un inventaire.

Extrait du présent arrêté sera adressé au citoyen Hache Dumirail, receveur des douanes nationales, et au citoyen Ducros, bibliothécaire, lesquels sont chargés de le mettre à exécution.

J.-B. FOURIER.

(2) Etat des volumes de la bibliothèque de la ci-devant Grande-Chartreuse transportés de l'église du collège dans la salle de la bibliothèque, vérifiés par les commissaires le 29 thermidor an XI :

Volumes in-f°................	2,216
Volumes in-4°, in-8° et in-12....	1,327
	3,543

(Archives de M. Poncet.)

Notre bibliothèque recueillit de la sorte un grand nombre d'exemplaires des mêmes ouvrages que déjà elle possédait. Quelques-uns furent vendus et les autres remis plus tard au tribunal d'appel et au collège de Grenoble.

Vers 1802, le Père Ducros, accablé de fatigue et d'infirmités, s'était fait adjoindre Pierre-Vincent Chalvet (1), contrôleur principal des droits réunis, qui l'aida dans ses fonctions de bibliothécaire (2), mais bientôt l'épuisement de sa santé le força d'abandonner son poste ; il le quitta comme l'on quitte l'objet de ses affections et de ses espérances ; il le regretta toute sa vie ; il se retira le 25 juillet 1807 (3) ; sa modique retraite et sa petite fortune, qu'il avait placée en rente viagère entre les mains de Villars, Félix-Romain Gagnon, Alexis Glasson et Chérubin-Joseph Beyle, lui permirent de vivre bien modestement jusqu'à la fin de ses jours, qu'il passa en grande partie dans sa petite maison de campagne, à Montbonnot. Un billet qu'il écrivit à son ami Navizet nous dépeint ses sentiments de tristesse :

---

(1) *La Bibliothèque du Dauphiné*, par Guy-Allard, publiée par Chalvet, en 1797, est dédiée à Etienne Ducros. « Cette édition, dit il, commencée sous vos yeux, continuée par le désir de mériter votre utile amitié, ne peut paraître sous des auspices plus favorables ; ce n'est pas un hommage que je vous présente, c'est une dette que je paye à vos lumières et à vos conseils... »

(2) Il avait déjà été secondé dans ses fonctions par Pierre Chaix et Jean Augier, sous-bibliothécaires.

(3) C'est sous l'administration du Père Ducros que Napoléon, par un décret, daté d'Osterode (du 12 mars 1807), ordonna que la bibliothèque, les cabinets qui en dépendent et le musée seraient administrés par la ville.

« Je vous prie, Monsieur Navizet, de voir M. Alphonse Périer ; je l'avais prié, la dernière fois que je fus à Grenoble, d'écrire à Strasbourg pour s'informer secrètement si feu M. Villars, médecin, qui y est mort, a laissé quelques biens ou mobilier, si on a mis les scellés, si ses enfants ont accepté simplement la succession parce que j'aurais des formalités à remplir pour une pension viagère qu'il me devait ; il doit avoir reçu réponse là-dessus ; vous le remercierez des peines qu'il aura voulu prendre pour cela. Ma santé est des plus mauvaises ; j'avance à grand pas à la décrépitude : je ne puis plus aller nulle part, parce que je suis oppressé fortement lorsque je me retire. Les embarras que j'ai ici avec les ennuis sont au-dessus de mes forces, et je crois bien que c'est la dernière année que je pourrai venir ici. Je prévois que la fin de mes jours sera pénible et sans aucun des secours qu'exigent mes infirmités.

« Salut, amitié.

« DUCROS. »

Le Père Ducros mourut quelque temps après, le 22 novembre 1814, et fit héritier son ami Navizet. M. Champollion-Figeac, secrétaire de l'Académie delphinale, prononça sur sa tombe un discours dans lequel il retraça la vie de ce savant modeste et laborieux bibliothécaire :

« Que ne fit-il pas, dit-il, pour cette biblio-
« thèque publique, qui, à jamais, honorera la
« mémoire de ses fondateurs ! Il seconda, il fit

« plus encore, il dirigea souvent leur zèle ; le
« sien suffisait à tout ; il recueillait d'une main,
« il classait de l'autre, et l'on vit, dans un très
« court espace de temps, naître et fleurir cet
« établissement, dont la création fut regardée
« à Paris même comme magique. »

FIN.

TABLE